AF263348

# PÉTITION

ADRESSÉE PAR

## MM. LES DONATAIRES DE L'EMPEREUR NAPOLÉON Ier

A

## MM. LES MEMBRES DU SÉNAT
### 1857

# A MESSIEURS LES MEMBRES DU SÉNAT.

Messieurs les Sénateurs,

Les soussignés renouvellent aujourd'hui près du Sénat une réclamation déjà ancienne. L'insuccès de leurs efforts dans le passé n'a point altéré la confiance qu'ils puisent dans leur droit, et cette confiance s'augmente encore de celle qu'ils fondent, non pas seulement sur la bienveillance, mais aussi sur l'impartialité du Sénat.

Il s'agit pour les soussignés de l'exécution du traité de Fontainebleau, signé le 11 avril 1814, entre l'empereur Napoléon Ier et les puissances alliées.

Ce traité sans doute évoque de tristes souvenirs, mais ces souvenirs n'appartiennent plus qu'à l'histoire. L'ère nouvelle nous a d'ailleurs consolés par d'éclatantes réparations ; Napoléon Ier *repose* aujourd'hui *sur les rives de la Seine* ; l'hérédité impériale, acclamée de nouveau, renoue la chaîne des temps, et, sous le sceptre de Napoléon III, la France a reconquis son rang parmi les nations.

*Magnus ab integro seclorum nascitur ordo.*

Le traité de Fontainebleau, quant à ses résultats politiques, n'est donc plus aujourd'hui qu'une lettre morte.

Mais il renferme une disposition purement privée qui survit à l'anéantissement de ses résultats politiques ; une disposition d'autant plus touchante qu'elle nous révèle une fois de plus les sentiments de bonté, de générosité, de reconnaissance qui occupaient une si large place dans l'âme de Napoléon ; une disposition enfin que les circonstances ont revêtue d'un caractère respectable et sacré. A ce moment suprême, le souverain qui descendait noblement d'un trône élevé si haut par ses mains, oubliant toutes préoccupations politiques et personnelles, arrête sa pensée sur ses généraux, ses officiers, ses plus fidèles serviteurs ; il entrevoit l'avenir de persécution qui les attend ; il veut récompenser les services rendus. En même temps qu'il abandonne à la couronne tout son domaine privé et tout le domaine extraordinaire, il se réserve la disposition d'un capital de DEUX MILLIONS qu'il excepte de cet abandon, et nous le voyons présider lui-même à la répartition de cette somme.

L'article 9 du traité de Fontainebleau est conçu en ces termes :

« Les propriétés que Sa Majesté l'Empereur Napoléon possède en France, « soit comme domaine extraordinaire, soit comme domaine privé, resteront « à la Couronne.

« Sur les fonds placés par l'Empereur Napoléon, soit sur le Grand Livre, « soit sur la banque de France, soit sur les actions des forêts, soit de toute « autre manière et dont Sa Majesté fait l'abandon à la Couronne, il sera ré-« servé un capital qui n'excèdera pas *deux millions*, pour être employé en « gratifications en faveur des personnes qui seront portées sur l'État que signera « l'Empereur Napoléon et qui sera remis au gouvernement français. »

Conformément à cet article, les états de répartition furent signés par Napoléon et remis au gouvernement français, tels qu'ils sont reproduits à la fin de ce mémoire.

Enfin, l'art. 20 contient cette disposition qu'il importe encore de signaler :

> « Les hautes puissances alliées *garantissent* l'exécution de tous les articles
> « du présent traité. *Elles s'engagent à obtenir qu'ils soient adoptés et garantis*
> « *par la France.*

En effet, à la même date du 11 avril 1814, le gouvernement provisoire donnait son adhésion et sa garantie dans la déclaration suivante :

> « Les puissances alliées ayant conclu un traité avec Sa Majesté l'Empereur
> « Napoléon, et ce traité renfermant des dispositions à l'exécution desquelles
> « le gouvernement français est dans le cas de prendre part, et des explications
> « réciproques ayant eu lieu sur ce point, le gouvernement provisoire de
> « France, dans la vue de concourir efficacement à toutes les mesures qui sont
> « adoptées, se fait un devoir de déclarer qu'il y *adhère,* autant que besoin
> « est, et *garantit,* en tout ce qui concerne la France, l'exécution des stipu-
> « lations renfermées dans ce traité, qui a été signé aujourd'hui entre MM. les
> « plénipotentiaires des hautes puissances alliées et Sa Majesté l'Empereur
> « Napoléon.

> « Paris, le 11 avril 1814. »
>
> SUIVENT LES SIGNATURES DES MEMBRES DU GOUVERNEMENT PROVISOIRE.

Cette déclaration du gouvernement provisoire a elle-même été ratifiée par le gouvernement de Louis XVIII, le jour même de la signature du traité de paix du 30 mai 1814 ; cette ratification a eu lieu dans des termes qui méritent encore d'être remarqués :

> « Le soussigné, Ministre Secrétaire d'État au département des affaires
> « étrangères, ayant rendu compte au Roi de la demande que Leurs Excel-
> « lences MM. les plénipotentiaires des cours alliées ont reçue de leurs souve-
> « rains l'ordre de faire, relativement au traité du 11 avril, auquel le gouver-
> « nement provisoire a accédé, il a plu à Sa Majesté de l'autoriser de déclarer
> « en son nom que les clauses du traité à la charge de la France seront fidè-
> « lement exécutées. — Il a en conséquence l'honneur de le déclarer par la
> « présente à Leurs Excellences.

> « Paris, le 30 mai 1814.
>
> « Signé : Le prince DE BÉNÉVENT. »

Tel est, Messieurs les Sénateurs, le titre qui fonde le droit des pétitionnaires ; c'est une donation solennelle émanée de la volonté de
l'Empereur Napoléon I<sup>er</sup>, insérée dans un traité solennellement
garanti par les puissances, et consommée par une acceptation solennelle du gouvernement français.

Et c'est un titre aussi sacré qui réclame encore son exécution
en 1857 !

Assurément la première question qui se présente à l'esprit est celle
de savoir comment il se fait que ces deux millions n'aient pas été dis-
tribués aux donataires.

Serait-ce parce que les fonds du domaine privé auraient été insuf-
fisants ?

Non, sans doute ; bien que l'importance réelle des valeurs du domaine privé eût été longtemps ignorée, on savait cependant que
9,360,000 francs avaient été saisis sur l'impératrice à Orléans ; on
savait encore, par une déclaration de M. de La Bouillerie à la séance
de la Chambre des Députés du 17 juillet 1822, qu'une liquidation
avait eu lieu sur une *somme de 6,866,000 francs dont le solde avait été
versé au trésor royal*, et par une autre déclaration de M. Dudon, à la
même séance, *que des actions des salines, des actions de la Banque
provenant de la liste civile impériale avaient été versées au trésor ;
qu'une partie avait été vendue, que l'autre avait été conservée*, mais les
donataires ne pouvaient produire aucun document officiel.

Ce document officiel est aujourd'hui connu. Une ordonnance en
date du 5 août 1818, non insérée au Bulletin des Lois, constate que
l'actif net de la liste civile impériale, existant en caisse ou en porte-
feuille au 1<sup>er</sup> avril 1814, s'élevait à 117,195,120 fr. 56 c. Ainsi
la donation de l'article 9 du traité avait la plus large provision qu'on

puisse imaginer ; et il est établi que les deux millions réservés ont été encaissés par le trésor public.

Comment donc ne les a-t-on pas payés ?

Il n'y a véritablement qu'une seule réponse : On ne le voulait pas. Il serait superflu, nous le croyons, de faire ici un tableau rétrospectif des passions politiques qui ont gouverné la Restauration et qui devaient fatalement la renvoyer en exil. On se souvient trop des colères, des rancunes, des fureurs qui se dressaient contre tous les hommes de l'époque impériale, et l'on comprend de reste que les ministres de l'ancien régime n'aient pas reculé devant un déni de justice.

Ce déni de justice fut néanmoins coloré sous une fin de non-recevoir imaginée par M. de Villèle, et que nous trouvons dans une réponse adressée par lui aux donataires le 2 août 1822. Voici cette fin de non-recevoir, qui est tirée du retour de l'Empereur en 1815 : c'est que « *l'auteur de la disposition dont il s'agit s'étant remis par le fait en pos-* « *session des moyens de l'exécuter, et n'en ayant point usé, avait détruit* « *le droit d'en réclamer la réalisation.* »

Mais, nous le répétons et nous l'établirons tout à l'heure, cette fin de non-recevoir n'était qu'un prétexte et les donataires avaient à lutter contre un parti pris.

Il ne leur restait plus d'autre ressource que le droit de pétition.

Ils eurent donc recours à ce dernier moyen ; une pétition fut par eux adressée à la Chambre des députés, et la Chambre, dans sa séance du 14 mars 1829, sur les conclusions de M. Jars, rapporteur, renvoya la pétition au Conseil des ministres.

Ce renvoi prononcé était un grand succès : succès pour les donataires, car c'était une protestation contre la fin de non-recevoir de M. de Villèle ; succès politique aussi, car il témoignait de l'ascendant qu'avaient déjà pris les idées libérales et semblait en présager le prochain triomphe. — En effet, les événements marchèrent vite, et bientôt la Révolution de Juillet éclata.

La Chambre des députés fut presque immédiatement saisie d'une nouvelle pétition ; le rapport en fut fait à la séance du 9 octobre 1830, par M. Clément (du Doubs), et, conformément aux conclusions de ce rapport, la pétition fut encore renvoyée au Conseil des ministres.

En présence de ce double renvoi, la cause des donataires semblait définitivement et irrévocablement gagnée.

Quelques questions de forme sont d'abord élevées : la liquidation de la dette pouvait-elle être faite par ordonnance, ou devait-on d'abord obtenir un crédit dans la loi de finances? — Puis, les années s'écoulent sans qu'une solution ait lieu. C'est alors qu'en 1834 intervient M. le maréchal Macdonald, qui avait été l'un des plénipotentiaires de Napoléon pour les négociations du traité de Fontainebleau. Le maréchal fait personnellement une démarche près du ministre des finances ; la réponse du ministre est *qu'il espère réduire beaucoup de dépenses en 1836, et que quelques-unes des réductions pourront être obtenues en faveur des donataires.* La question se trouve ainsi ajournée à l'année 1836.

Mais en 1836, lorsque le maréchal Macdonald revient près du ministre des finances, celui-ci prend en quelque sorte une attitude hostile. Sa réponse est différente de la première : il déclare que *l'affaire est de nature litigieuse ; que les donataires devaient lui soumettre une demande, qu'il y répondrait après examen préalable, et que*

*si la sorte de décision qui interviendrait ne remplissait pas leur attente,*
*il leur resterait la faculté de l'appel au conseil d'État.*

C'était donc vainement que le droit des donataires avait été for-
mellement reconnu, d'abord en 1829 par une Chambre de la Restauration, puis en 1830 par la première chambre du gouvernement de
juillet. Leurs espérances aboutissaient à une déception.

Ils reviennent encore à l'exercice du droit de pétition.

Une nouvelle pétition est adressée à la Chambre des Députés, et le
rapporteur, M. Duprat, à la séance du 17 juin 1837, conclut au renvoi de la pétition au président du conseil des ministres. Aucune discussion n'a lieu ; mais sous la pression de l'influence ministérielle, la
Chambre passe à l'ordre du jour.

Enfin, en 1845, la Chambre des pairs est à son tour saisie d'une
pétition nouvelle. Le rapporteur, M. le vicomte de Flavigny, à la
séance du 19 juin 1845, conclut encore au renvoi de la pétition au
président du conseil des ministres.

Cette fois, une discussion s'engagea ; le ministre des finances,
M. Lacave-Laplagne, combattit les conclusions du rapport ; mais, il
faut bien le dire, son discours ramenait les donataires à vingt-cinq
ans en arrière ; car il ne fit guère qu'emprunter à M. de Villèle
les arguments de l'année 1822, en prétendant, comme le ministre de
la Restauration, que, par le fait des événements du 20 mars 1815,
*les droits, qui avaient pu résulter pour les donataires du traité de Fontai-*
*nebleau, avaient cessé de pouvoir être invoqués.* — La Chambre des
pairs passa à l'ordre du jour ; mais ce fut seulement *après une*
*double épreuve.*

Telles sont, Messieurs les Sénateurs, les phases diverses qu'ont
parcourues les réclamations des donataires jusqu'à la chute du gou-

vernement de Louis-Philippe. Nous sommes, du reste, loin d'avoir raconté toutes les démarches qui ont été faites sous ces deux gouvernements; ces démarches ont été incessantes; mais nous ne nous sommes attachés qu'aux principaux incidents.

De tout ce qui précède, il ressort jusqu'à l'évidence, ce nous semble, que les donataires ont été victimés d'une hostilité avouée ou secrète. Mais leur pétition se produit aujourd'hui sous un gouvernement sympathique à leurs droits; l'impartialité suffit d'ailleurs au succès de leur cause.

En fait, on ne leur a opposé qu'un seul argument; c'est l'argument tiré du retour de l'île d'Elbe, le 20 mars 1815. M. de Villèle, en 1822, ne pouvait invoquer contre eux ni déchéance, ni prescription; et même, en 1845, ni l'un ni l'autre de ces moyens n'était à la disposition du ministre des finances, M. Lacave-Laplagne, parce qu'en effet les réclamations avaient été multipliées à toutes les époques, et parce qu'en outre un acte interruptif de prescription avait été signifié, en tant que de besoin, au ministre des finances, le 10 avril 1844.

Il nous paraît véritablement peu nécessaire aujourd'hui de réfuter la fin de non-recevoir de MM. de Villèle et Lacave-Laplagne. Nous vivons dans un temps où les intelligences ne sont plus obscurcies par les passions politiques, où les faits ont repris la physionomie que leur donnera l'histoire, où dès lors il n'est plus guère permis de transformer le retour de l'île d'Elbe en un attentat qui, entre autres effets, aurait eu celui de déchirer le titre des donataires.

Nous ne rouvrirons donc pas sur ce point une discussion superflue. Que pourrions-nous d'ailleurs ajouter aux autorités imposantes qui, à diverses époques, ont éloquemment et victorieusement réfuté cette fin de non-recevoir ? Nous nous bornerons à leur emprunter les citations suivantes :

En réponse aux paroles prononcées par **M.** de Villèle à la séance de la Chambre des députés du 17 juillet 1822, le général Foy montait à la tribune et s'écriait au milieu des violentes interruptions de la droite :

> « Je dois à mes camarades, je dois à l'honneur national d'apprendre à la
> « France ce qu'ont fait, en 1815, plusieurs officiers généraux dotés par le
> « traité du 11 avril 1814, parmi lesquels se trouvait l'immortel général Drouot.
> « Plusieurs d'entre eux étaient à Paris auprès de Napoléon. Napoléon leur a
> « offert de les payer, et ils ont refusé.
> « Ils ont refusé, parce que les besoins du trésor étaient grands, parce que
> « la patrie était en danger, parce qu'elle était près d'être envahie *par les*
> « *ennemis de la France !*
> « Ils ont été avant tout, par-dessus tout, Français, citoyens. »

En regard de ces belles paroles du général Foy, citons l'opinion des jurisconsultes. M. Dupin aîné, dans une consultation délibérée le 20 mars 1821, à laquelle avaient adhéré trois autres avocats du barreau de Paris, MM. Billecocq, Courtin et Thévenin, écrivait ces lignes :

> « Vainement on oppose le fait des Cent-Jours. C'est un fait étranger aux
> « donataires, un fait qui n'a pas pu leur faire perdre un droit précédem-
> « ment acquis. Par le traité du 11 avril 1814, ils sont devenus créanciers di-
> « rects, non pas de Napoléon, mais du gouvernement français, et le sort de
> « cette créance, fixé par le traité, n'a pu dépendre des événements ultérieurs
> « ni du fait d'autrui.
> « Si ce traité eût été ponctuellement exécuté, les donataires auraient dû
> « être payés en 1814, avant les Cent-Jours ; s'ils ne l'ont pas été à cette
> « époque, leur droit n'a pas, pour cela, changé de nature ; ils sont restés
> « créanciers de l'État, au même titre après qu'avant. »

M. Jars, rapporteur de la pétition dont nous avons déjà parlé, et qui fut renvoyée par la chambre des Députés de 1829 au conseil des Ministres, s'exprimait ainsi :

> « Il ne suffirait pas de dire, comme l'a dit M. le ministre des finances en
> « 1822 : « Napoléon étant revenu et s'étant emparé du pouvoir, c'était à lui
> « qu'on devait demander le payement de la créance. » Il faudrait dire, il fau-
> « drait prouver que Napoléon, en s'emparant du pouvoir, a retrouvé et a
> « repris les sommes qu'il avait délaissées par le traité du 11 avril ; mais, au
> « contraire, il a été déclaré à cette tribune, le même jour 17 juillet 1822, que
> « ces sommes étaient restées au ministère de la maison du Roi et que le
> « reliquat de l'ancienne liste civile (*toutes autres dettes payées*) était à cette
> « époque de 6,800,000 fr., et devait être versé au Trésor public. Ainsi, les
> « gages fournis par le traité du 11 avril n'ont pas été détournés par l'effet
> « des événements qui ont suivi, et n'ont pas cessé d'être supérieurs aux
> « charges qu'ils devaient acquitter. »

Puis en octobre 1830, M. Clément, du Doubs, rapporteur d'une autre pétition qui fut également renvoyée au conseil des Ministres, prononçait ces nobles et graves paroles qui, en même temps qu'elles déversaient un blâme amer sur la conduite de la Restauration, respirent la confiance qu'il fondait alors sur la justice du gouvernement de juillet.

> « Une pensée généreuse, Messieurs, avait honoré une grande infortune ; il
> « eût été honorable aussi de la respecter, de l'exécuter promptement, de
> « bonne grâce et complétement. Il n'y avait point de grandeur à éluder un
> « devoir de justice garanti par une parole royale, à repousser des droits évi-
> « dents par de bizarres fins de non-recevoir, de vaines arguties, de froides
> « répugnances, par un système d'argumentation en quelque sorte désespéré,
> « et qui ne saurait revendiquer en sa faveur la présomption de droiture et de
> « bonne foi. »

A toutes ces autorités, joignons enfin celle du maréchal Macdonald, qui, comme nous l'avons déjà fait remarquer, avait été l'un des plénipotentiaires de Napoléon pour le traité du 11 avril 1814, autorité non suspecte, puisque le maréchal s'était tenu à l'écart pendant les événements des Cent-Jours.

Sa loyauté lui avait fait un devoir de plaider la cause du droit devant le ministre des finances en 1834 et 1836, et voici dans quels termes il rendait compte, le 16 juin 1834, à M. le baron de Menneval de ses démarches près du ministre des finances qui avait qualifié de *prétentions* les droits des donataires :

> « J'ai relevé sur-le-champ l'expression *de prétention* des donataires, en objectant que c'était un *droit* et non une *prétention*, puisque le traité du 11 avril avait été accepté par le gouvernement provisoire, sanctionné par Louis XVIII, et que plusieurs de ses dispositions avaient été exécutées ; que l'État avait profité des sommes dues à l'Empereur par l'abandon qu'il en avait fait, moyennant la répartition formelle et expresse des deux millions aux donataires. »

> « J'ai rappelé à ses souvenirs (écrivait-il encore à M. le baron de Menneval, le 13 janvier 1836), la conférence du mois de juin 1834, l'ajournement à cette année, et la justice due aux réclamations, enfin les droits des donataires invoquant l'exécution du traité du 11 avril 1814, dont le gouvernement provisoire et celui de la Restauration ont accepté toutes les conditions.... »

En résumé :

Le droit des donataires est certain.

Ce droit n'a pu périr par le fait du retour de l'Empereur en 1815, et les fins de non-recevoir de MM. de Villèle et Lacave-Laplagne n'accusent que les haines, les rancunes ou les froides répugnances qui animaient leurs gouvernements.

Ces gouvernements ont disparu, et les donataires n'ont plus aujourd'hui qu'à appeler sur eux l'attention du gouvernement de l'héritier de l'empereur Napoléon Ier.

Ils osent donc espérer que, dans sa haute impartialité, le Sénat renverra leur pétition à son excellence M. le ministre des finances, et qu'après quarante-deux ans d'attente, justice leur sera enfin rendue.

En terminant, qu'il soit permis aux donataires d'invoquer en leur faveur un fait récent qui a redoublé leur confiance : nous voulons parler de l'exécution qui vient d'être donnée aux dispositions testamentaires de l'Empereur, en vertu du décret de Sa Majesté, du 15 août 1854.

Fidèles à la religion des souvenirs, les donataires ont applaudi de cœur à ce décret qui consacrait à la fois un acte de générosité nationale et un éclatant hommage à la mémoire de Napoléon Ier.

Mais, ils osent aussi le dire, ils y ont en même temps rattaché les plus vives espérances; ils ont pensé que la justice rendue aux légataires appelait celle à rendre aux donataires; que l'exécution du testament avait pour corollaire légitime et nécessaire l'exécution de dispositions antérieures qui revendiquaient en leur faveur et au même degré, non-seulement l'expression de la volonté impériale, mais encore des droits fondés sur un traité solennel.

Cette pensée répond à un sentiment d'équité qui, nous en avons la ferme conviction, sera partagé par le Sénat et par le gouvernement de Sa Majesté.

Les pétitionnaires ont l'honneur d'être avec le plus profond respect,

Messieurs les Sénateurs,

Vos très-humbles serviteurs.

Paris, le 20 mars 1857.

Ont signé : Comte FRIANT. — Baron GOURGAUD. — Baron CORVISART. — Comte GUYOT. — Baron BOULART. — Baron FAIN. — Baronne MARIN. — Baron YVAN. — Chevalier JOUANNE. — Colonel LABOBDE, etc., etc.

# ÉTAT DE RÉPARTITION DES DEUX MILLIONS

## ÉTAT DE LA RÉPARTITION

| | Fr. |
|---|---|
| Au général Friant, général de la garde.... | 50,000 |
| — Cambronne, id.... | 50,000 |
| — Petit, id.... | 50,000 |
| — Ornano, id.... | 50,000 |
| — Curial, id.... | 50,000 |
| — Michel. id.... | 50,000 |
| — Lefebvre-Desnouettes, id.... | 50,000 |
| — Guyot, id.... | 50,000 |
| — Lyon, id.... | 50,000 |
| — Laférière-l'Evêque, id.... | 50,000 |
| — Colbert, id.... | 50,000 |
| — Marin, id.... | 50,000 |
| — Boulard, id.... | 50,000 |
| — Drouot, aide de camp de l'empereur.. | 50,000 |
| — Corbineau, id.... | 50,000 |
| — Dejean, id.... | 50,000 |
| — Caffarelli, id.... | 50,000 |
| Au colonel Montesquiou, id.... | 50,000 |
| — Bernard, id.... | 50,000 |
| — de Bussy, id.... | 50,000 |
| Au général comte Fouler, écuyer de l'empereur... | 50,000 |
| Au baron Fain, maître des requêtes, secrétaire du cabinet... | 50,000 |
| Au baron Menneval, maître des requêtes, secrétaire des commandements de l'impératrice.... | 50,000 |
| Au baron Corvisart, premier médecin... | 50,000 |
| Au baron Gourgaud, premier officier d'ordonnance... | 50,000 |
| Au chevalier Jouanne, premier commis du cabinet. | 40,000 |
| Au baron Yvan, chirurgien ordinaire... | 40,000 |
| A 30 officiers dont les noms sont portés dans l'état A... | 170,000 |
| Au service de la chambre et de la conciergerie (état B)... | 100,000 |
| Au service des écuries (état C)... | 130,000 |
| Au service des fourriers et de la bouche (état D).. | 140,000 |
| Au service de l'impératrice et du roi de Rome (état E). Cet état sera envoyé par l'impératrice. | 70,000 |
| Au service de santé de l'empereur (état F)... | 60,000 |
| **Total... ** | **2,000,000** |

Approuvé le présent État, montant à deux millions, pour être remis au gouvernement français.

A Fontainebleau, ce 13 avril 1814.

*Signé :* NAPOLÉON.

## DÉTAIL DES ÉTATS MENTIONNÉS CI-CONTRE

### ÉTAT A. — *Officiers qui ont suivi Napoléon à l'île d'Elbe.*

| | Fr. |
|---|---|
| Jermanouski, major des Polonais... | 9,000 |
| Mallet, chef de bataillon de la garde... | 9,000 |
| Corimel, capitaine d'artillerie de la garde... | 6,000 |
| Lamourette, capitaine... | 6,000 |
| Loubers | 6,000 |
| Cointe. | 6,000 |
| Raoul, capitaine d'artillerie de la garde... | 6,000 |
| Laborde, capitaine d'infanterie... | 6,000 |
| Hurault de Sorbée, id... | 6,000 |
| Montpez, id... | 6,000 |
| Combe, id... | 6,000 |
| Schultz, capitaine au 7e régiment de Polonais... | 6,000 |
| Dequeux, premier lieutenant d'infanterie... | 4,000 |
| Melifrent, premier lieutenant d'artillerie... | 4,000 |
| Arnault, id... | 4,000 |
| Thiebault, id... | 4,000 |
| Duquenot, id... | 4,000 |
| Paris, id... | 4,000 |
| Bacheville, id... | 4,000 |
| Chomet, id... | 4,000 |
| Lanauze, id... | 4,000 |
| Paoli... | 4,000 |
| Lervat, lieutenant au 2e d'infanterie de la garde.. | 4,000 |
| Begot, id... | 4,000 |
| Jammer, id... | 4,000 |
| Franconin, id... | 4,000 |
| Noizot, id... | 4,000 |
| Matelet, id... | 4,000 |
| Demont, lieutenant d'artillerie de la garde... | 4,000 |
| Skonronski, lieutenant polonais... | 4,000 |
| Emery, chirurgien de première classe... | 4,000 |
| Bilenski, capitaine polonais de la garde... | 4,000 |
| Tintowski, premier lieutenant id... | 4,000 |
| Piontkowski, deuxième lieutenant id... | 4,000 |
| Sraphin, deuxième lieutenant de Mamelouks... | 4,000 |
| | **170,000** |

### ÉTAT B. — *Service de la chambre et de la conciergerie.*

| | Fr. |
|---|---|
| Au Sr Louis-Constant Wairy, prem. valet de cham. | 20,000 |
| — Jean-Pierre Charvet, cons. de la garde-robe. | 10,000 |
| — Nicolas Manches, dit Sénéchal, valet de ch. | 5,000 |
| — Frédéric-Arvenne Pélard, valet de chambre. | 15,000 |
| — Auguste-Charles Hubert, valet de chambre. | 15,000 |
| — François-St-Denis, dit Aly, valet de chamb. | 5,000 |
| — Dejean, garde du portefeuille... | 5,000 |
| — Mignot, huissier... | 5,000 |
| — Étienne Charvet, concierge de Saint-Cloud. | 10,000 |
| — Maugé, concierge des Tuileries... | 10,000 |
| **Total pour la chambre... ** | **100,000** |

### ÉTAT C. — *Service de l'écurie.*

| | Fr. |
|---|---|
| Au Sr Jardin père... | 10,000 |
| — Vigogne... | 10,000 |
| — Danet... | 10,000 |
| — Jardin fils aîné... | 10,000 |
| — Gy, premier piqueur... | 10,000 |
| — Auguste Jardin... | 10,000 |
| — Chauvin... | 20,000 |
| — Courtay... | 10,000 |
| — Leroux... | 10,000 |
| — Amandru... | 20,000 |
| — César, cocher... | 10,000 |
| | **130,000** |

### ÉTAT D. — *Service des fourriers et de la bouche.*

| | Fr. |
|---|---|
| Au Sr Collin, maître-d'hôtel contrôleur... | 40,000 |
| — Baillon, fourrier du palais... | 15,000 |
| — Deschamps, fourrier du palais... | 15,000 |
| — Rousseau (Langin-Marie-Ferd.), ch. de cuis. | 20,000 |
| — Totain (Ch.-Amab.-Jean-Marie), chef. d'off. | 20,000 |
| — Chandelier (L.-J.), rôtisseur... | 10,000 |
| — Pierron (Alex.-Jean-Baptiste), aide d'office. | 10,000 |
| — Chardat... | 10,000 |
| | **140,000** |

### ÉTAT E. — *Service de l'impératrice et de son fils.*

| | Fr. |
|---|---|
| Mme Hurault, première femme... | 10,000 |
| Mlle Rabusson, id... | 10,000 |
| Mme Soufflet, première femme du roi de Rome... | 3,000 |
| Mme Édouard, deuxième femme de l'impératrice... | 4,000 |
| Mme Barbier, id... | 4,000 |
| Mlle Geoffroy... | 4,000 |
| Mme Marchand, berceuse... | 4,000 |
| Mme Petit-Jean, deuxième femme du roi de Rome.. | 3,000 |
| Mme Renaud... | 3,000 |
| Linier, valet de chambre de l'empereur... | 3,000 |
| Lange, id... | 3,000 |
| Gobereau... | 3,000 |
| Locquin, maître-d'hôtel... | 4,000 |
| Chameau, cuisinier... | 2,000 |
| Lemoine, id... | 2,000 |
| Boucher, aide d'office... | 2,000 |
| Lacournère, chirurgien... | 3,000 |
| Rouyer, pharmacien... | 3,000 |
| | **70,000** |

### ÉTAT F. — *Service de Santé.*

| | Fr. |
|---|---|
| Au Sr Fourreau, médecin... | 30,000 |
| Au chirurgien... | 20,000 |
| Au Sr Gatte, pharmacien... | 10,000 |
| | **60,000** |